L'AVOCAT OUDET & MAX BUCHON.

LETTRE SALINOISE

PAR

MAX BUCHON.

Prix, 25 centimes.

BESANÇON

EN VENTE CHEZ TOUS LES LIBRAIRES

1869

ou inspirateurs de l'article diffamatoire du *Siècle* contre moi?
Votre bien dévoué,

OUDET.

22 février 1869.

Sous le coup du premier ébahissement, j'avais envie de
répondre :

— Mon cher Monsieur, on m'a volé l'autre jour mon
porte-monnaie dans la rue Moncey que vous habitez. Etes-
vous l'un des *deux* auteurs ou inspirateurs de ce vol ?

L'indignation que ce billet eût fait naître chez M. Oudet,
peut lui donner une idée de l'effet que me produisit le
sien. Et c'est au nom de l'amitié que M. Oudet se croit de
telles façons permises ! Que, dans la rue Moncey, on se tape
sur le ventre, en se disant, comme ça, tout naturellement,
entre amis : — Ne serais-tu pas un lâche et une canaille ?
ce n'est pas mon affaire. A Salins, nous voyons les choses
autrement. Notez que pour me fâcher tout rouge je n'avais
pas besoin de m'informer si l'article du *Siècle* était diffamatoire ou non. M. Oudet affirmait la diffamation· et prétendait m'y associer, en m'obligeant à m'en défendre. Je refusai
de souscrire à cette obligation; mais, tenant compte de
l'exaspération de M. Oudet, je tâchai de lui tendre une
perche de sauvetage, en lui répondant, par retour du courrier, de la manière suivante :

Salins, le 23 janvier 1869.

Mon cher maître Oudet,

Ne comprenant pas votre interrogation, je me dispense d'y
répondre. Répondre : — Oui ! vous semblerait, en effet, à vous-
même, par trop naïf. Répondre : — Non ! serait admettre des
hypothèses sur lesquelles je n'ai pas à me prononcer. Je n'écris

pas tout ce que je pense, mais je pense tout ce que j'écris, et tout ce que j'écris, je le signe. Je n'ai pas d'autre profession de foi à vous soumettre pour le moment.

Je vous prie d'agréer mes salutations empressées.

Max Buchon.

Evidemment, si M. Oudet avait été de sang-froid, il se fût fait ce raisonnement bien simple : — Voilà un homme qui affirme sa loyauté, que jusqu'à présent je n'ai eu aucun motif de suspecter. Loyauté et diffamation étant contradictoires, l'affirmation de cette loyauté implique la négation de toute participation à la diffamation dont je me plains. Me voilà satisfait.

Cette imputation inattendue me semblait d'autant plus odieuse, à moi homme de publicité loyale, qu'ici la diffamation eût été de ma part anonyme, et hypocritement revêtue de la peau d'un autre, c'est-à-dire qu'elle eût cumulé toutes les monstruosités du genre.

Si j'avais à faire un article contre lui, M. Oudet croit que je ne saurais pas, en signant, me mettre à l'abri de ses malices? M. Oudet se trompe. Je n'ai besoin de personne pour faire ma besogne; mais je ne me charge pas de celle des autres.

M. Oudet n'avait pas le droit de nier cela sans preuves, même sous forme interrogative. Sa question était donc un outrage à ma dignité personnelle, dont moi seul suis le gardien et le juge ; outrage qui effaçait d'emblée tous les titres qu'il prétend avoir à ma reconnaissance.

A tous égards, il est inadmissible qu'un homme ait le droit d'adresser à un autre toutes les interrogations qui lui passent par la tête, et que celui à qui il s'adresse soit tenu de lui répondre. De pareilles prétentions n'appartiennent qu'à l'histoire de la Sainte Inquisition. Le ministère public, lui-même, y met, chez nous, plus de façon à l'égard des criminels, en formulant d'abord son accusation d'une manière catégorique, puis en fournissant ses preuves.

Ici, M. Oudet ne formule rien. Il interroge. Il ne se donne pas la peine de rien prouver. Il exige que je lui fournisse moi-même les preuves dont il a besoin pour me condamner. Un pareil système d'instruction serait réellement commode. Reste à savoir quelle mine ferait M. Oudet si on le lui appliquait.

Voilà, encore une fois, ce que Oudet eût parfaitement compris d'après ma réponse, s'il eût été de sang-froid; malheureusement, il n'était pas de sang-froid, aussi, après plusieurs jours de réflexion, m'expédia-t-il la seconde épître que voici :

Mon cher Buchon,

Je ne vous demande pas de profession de foi, et encore moins des hypothèses. Si ma lettre ne vous a pas paru suffisamment explicite, celle-ci, je l'espère, ne laissera pas d'équivoque dans votre esprit.

Castagnary a publié, dans le n° du 15 janvier du *Siècle*, un article diffamatoire contre moi. Cet article lui a été inspiré dans un voyage qu'il a fait à Maizières, chez Ordinaire, et à Ornans, chez Courbet, et *vous en étiez aussi*. Je vous demande donc très-catégoriquement si vous étiez l'un des inspirateurs de l'article. Vous devez bien comprendre que je ne m'adresse pas à vous *sans avoir mes renseignements*. Et sur cette question, je ne vous demande pas une réponse évasive; je vous dirai même que je ne la comprendrais pas.

Si le *Siècle* avait entièrement reproduit ma lettre, j'aurais pu me considérer comme satisfait. Ce qu'il en a reproduit est une mystification qui m'oblige à l'assigner devant les tribunaux. Quand j'en aurai fini avec le journal, je traiterai l'affaire avec l'auteur et les souffleurs. C'est pour cela que je tiens à savoir si vous êtes un des souffleurs. Mon interpellation ne comporte pas d'hypothèse. Soyez seulement sûr d'une chose, et cette lettre pourra vous en servir d'engagement de ma part ; ce n'est pas par les tribunaux que j'entends vous 'en demander raison, si par malheur mes *pressentiments* et mes *renseignements* se trouvaient vérifiés.

Car, s'ils ne l'étaient pas, mon cher Buchon, il ne me resterait qu'à vous prier de me *pardonner* d'avoir pu les concevoir ou les accepter comme possibles.

Bien à vous,

OUDET.

26 janvier.

Il est bon là, M. Oudet ! Si le *Siècle* avait publié toute sa lettre, son amour-propre d'auteur eût été satisfait ; mais le *Siècle* n'a pas été gentil, et c'est à moi que M. Oudet s'en prend. Il a tort, car, si cela ne dépendait que de moi, sa lettre serait publiée non-seulement dans le *Siècle*, mais dans tous les siècles des siècles. *In secula seculorum, amen !* J'en ferais même une édition illustrée, où la *Femme au perroquet*, de Courbet, représenterait la fameuse Eau tentatrice, repoussée avec indignation par un Spartacus hydrophobe. Ce serait vraiment touchant. Par exemple, quant à la lettre ci-dessus, c'est différent. Est-elle assez niaise, insultante et contradictoire ! Et cependant M. Oudet passe pour la plus forte tête d'avocat de la province ! Et cependant M. Oudet a été l'ami personnel du philosophe Proudhon ! Ombre vénérée de Pierre-Joseph, qu'en dis-tu maintenant ?

Voyez un peu si j'avais raison de me tenir sur mes gardes dès le premier jour.

— M. Oudet s'enferre, me disais-je. Il ne connaît guères le lapin à qui il s'adresse. Laissons-le s'enferrer.

Quoi ! M. Oudet, qui prétend que ses convictions républicaines sont toujours du meilleur tonneau, me donne à entendre comme cela, tout à la bonne, qu'il a une police secrète surveillant mes allées et venues, — qu'il a accepté ou conçu le pressentiment que je suis un diffamateur, — mais, en ajoutant qu'il me *demande pardon* pour le cas où on l'aurait trompé.

Vous voyez bien que, malgré ses affirmations fou_ droyantes, M. Oudet n'est encore sûr de rien !

Quant à la forme littéraire de cette platitude, je vous l'abandonne. Pour M. Oudet l'alternative du oui et du non n'implique pas d'hypothèse, et l'hypothèse admise par lui que je pourrais bien être innocent, n'est pas une hypothèse ! Qu'est-ce que cela prouve ? Que M. Oudet n'est pas fort en langue, ce qui est assez étonnant chez un avocat. J'en prends acte en souriant, mais sans, pour autant, me croire autorisé à demander sa tête. Malgré son antipathie pour l'hypo- thèse, M. Oudet s'avoue hypothétiquement dans l'obliga- tion de me demander pardon. Voilà une situation larmoyante dont son ami Proudhon ne lui a certes jamais donné l'exemple ; aussi tout l'honneur en reste-il à M. Oudet. Quand on traite si légèrement sa dignité personnelle, il est tout simple qu'on fasse bon marché de celle des autres.

A moins d'être un ramolli du cerveau comme il y en a tant, je devais me dire : — Aprés m'avoir outragé, M. Oudet tombe hypothétiquement dans la singerie du repentir. A bon chat bon rat. Ce que M. Oudet attend de moi, ce n'est pas une réponse sèche — qu'il n'a du reste aucun droit de me demander — c'est, de fil en aiguille, et si je me laisse prendre à ses câlineries, un blâme contre mes amis Cas- tagnary, Ordinaire et Courbet, que, dans cette circonstance, je n'ai ni à louer ni à blâmer. Quand je blâme mes amis, c'est toujours face à face, et non à leur insu, en cachette, comme un mouchard, au trou de l'oreille de leur ennemi.

Je rougis vraiment d'avoir à défendre ici des principes d'honneur si élémentaires !

Ah ! Rominagrobis ! rien ne te sert d'être farine.

J'aime mes amis sans leur demander plus de comptes que je ne leur en rends moi-même. — A chacun sa tâche et la liberté pour tous! — Voilà ma devise. Ici d'ailleurs, M. Oudet, avec sa police secrète et la signature de Castagnary, devait trouver facilement à qui parler. Cela suffisait largement; aussi, m'empressai-je de répondre, toujours par retour du courrier :

Salins, le 27 janvier 1869.

Monsieur,

Admettant de moins en moins votre droit de m'interroger, je maintiens de plus en plus mon droit de ne pas vous répondre.

Si vous avez des informations, servez-vous-en.

Je n'ai jamais caponné, et j'attends.

Votre très-humble serviteur,

Max Buchon.

Dès la première phrase de la première lettre de M. Oudet, j'eus le vague pressentiment qu'il avait dans le gésier quelque vieux morceau, non digéré, qui en sortirait tôt ou tard. Mes pressentiments ne me trompaient pas. On va en avoir la preuve. Sûr de mon terrain, et de ce que j'avais à dire, mes réponses étaient toujours immédiates. M. Oudet était moins expéditif; aussi, à mon billet du 27 janvier, ne répliqua-t-il que 12 jours après, comme il suit :

Monsieur,

Puisque monsieur il y a, et que c'est l'appellation par vous choisie, depuis que vous vous êtes *acquitté* vis-à-vis de moi d'une *vieille dette* de reconnaissance que j'avais oubliée, mais dont votre loyauté vous a fait un devoir, à ce qu'il paraît, de vous souvenir; j'en ai fini, avec le journal le *Siècle*, de la petite infamie qu'on lui a fait commettre à mon endroit, et il ne me reste plus qu'à régler mon compte avec vous. Je viens vous demander s'il vous conviendrait de recevoir dimanche prochainla visite de deux de mes amis, ou de les aboucher au besoin avec les vôtres. Veuillez fixer l'heure et le lieu, à votre convenance ; autant que possible sur un point desservi par le chemin de fer, afin de faciliter leur déplacement.

Je vous présente, Monsieur, mes salutations.

OUDET.

8 février 1869

— Bon ! me dis-je à cette lecture, après avoir avalé le *Siècle*, Castagnary, Ordinaire et Courbet, M. Oudet va venir m'avaler moi-même. Eh bien , c'est égal ; je serais curieux de savoir, comment, pressé d'en finir avec la petite infamie du *Siècle*, M. Oudet aura dit au procureur impérial d'une manière acceptable : — On insinue que je mets dans mon vin de l'eau officielle. Ne trouvez-vous pas que cette insinuation est une infamie ?

Après ce qui précède, M. Oudet trouve étrange que moi, qu'il insulte sans preuve, et qui reste modestement sur la défensive, je me permette de l'appeler simplement Monsieur. D'après M. Oudet, le droit d'user de cette appellation me serait ôté par une vieille dette de reconnaissance que je n'aurais point acquittée envers lui ; d'où il faut conclure que moi, diffamateur, d'après sa première lettre — complice de la petite infamie du *Siècle* d'après la seconde, — je serais encore, envers M. Oudet, débiteur-banqueroutier d'après la troisième. Avant d'examiner cette nouvelle accusation, voyons ma réponse :

Salins, le 9 février 1869.

Monsieur,

N'admettant pas plus pour moi la nécessité de me déplacer ni

de déranger personne, que celle de répondre à vos interroga-
toires, je me contente de vous répéter ce que je vous ai déjà
dit : — J'attends.

Dimanche prochain, j'attendrai donc seul à domicile tous
ceux que vous croirez utile de m'envoyer.

Je vous invite seulement à bien préparer vos preuves, car,
si elles font long feu, je dirai en toute tranquillité d'âme : — A
moi la manche ! Quant à la vieille dette de reconnaissance, dont
il paraît que vous me regardez comme encore non acquitté
envers vous, je la réglerai aussi par la même occasion, et en
bonne monnaie, je vous le promets.

Votre très-humble serviteur,

MAX BUCHON.

Voyons maintenant les faits. M. Oudet raconte, dans la
brochure qu'il vient de publier, qu'en 1850 il avait su, par
son dévouement affectueux, m'épargner, de Besançon à
Lons-le-Saunier, le mode de transfèrement réservé aux
écrivains par le gouvernement d'alors.

En 1850, j'étais libre. M. Oudet se trompe de date. Du
reste, je ne me rends pas bien compte de l'importance du
service qu'il m'aurait ainsi rendu, et dont j'entends parler
pour la première fois.

En admettant que ce service ait été immense, ce souvenir
peut-il lui livrer à jamais mon libre-arbitre à discrétion ?
Voilà la question.

En 1848, M. Oudet était avocat général, et moi membre
obscur de la marmaille électorale et journalisante.

Un an après, M. Oudet était redevenu simple avocat, et
moi je me trouvais en prison préventive, avec trois procès
sur le dos. Aux débats devant la Cour d'assises du Jura,
M. Oudet prit part à la défense. Dans les deux premiers de
mes procès, j'avais pour coaccusés deux représentants du
peuple. La situation était grave ; aussi, tous nos amis politiques, regardant l'éloquence de M. Oudet comme insuffi-

sante, lui donnèrent-ils pour doublier feu M. Auguste Rivière du barreau de Paris.

Dans mon troisième procès, j'avais six coaccusés. Encore simple enfant de famille à cette époque, je n'étais pas cousu d'or. Mes coaccusés encore moins. Pour venir de Paris doubler à nouveau M. Oudet, M. Rivière ne demandait que deux cents francs. Je payai, moi seul, les deux cents francs, et M. Rivière arriva.

Mes trois procès se terminèrent par trois acquittements. Sorti de prison après six mois de captivité préventive, je trouvai un jour M. Oudet au grand café de la place Saint-Pierre, à Besançon.

— Maître Oudet, lui dis-je, je n'ai pas la prétention de vous payer vos bons services.

— Vous avez raison, me répondit-il, car c'est la république que je défends et non les accusés.

— Je comprends et respecte cette distinction. Mais c'est égal. Voilà cinquante francs ; c'est le reste de ma bourse. Acceptez-les au moins, en témoignage de mon bon vouloir.

— Puisque vous insistez, j'accepte ; mais pour verser cela dans la caisse de notre journal républicain de Besançon.

Depuis cet entretien, j'avoue que je me regardai comme financièrement quitte envers M. Oudet, et, eu égard aux circonstances, sa générosité ne me parut alors nullement colossale, attendu que, pour nos avocats, la Cour d'assises était alors l'antichambre présumée de l'Assemblée nationale.

Maintenant comptons. Si pour venir de Paris, M. Rivière, sans l'appui duquel nous eussions été probablement battus, ne demandait que deux cents francs, M. Oudet qui, à lui seul, n'a pas toujours été victorieux (témoin le procès Paget), et qui n'avait à faire que le voyage de Besançon ; M. Oudet, qui d'ailleurs n'avait en vue que le salut de la république, me semblerait, pour l'époque, largement payé à 100 fr. par procès, ce qui ferait au total : 300 fr.

Or, dans mes deux premiers procès, la carte à payer ne me regardait que pour un tiers, ce qui, sur deux cents francs, laissait à ma charge 66 fr., ci. . . . . 66 fr.

Dans le troisième procès, je ne figurais que pour un septième; le septième de 100 fr. est de 15 fr., ci   15

Total à ma charge. 81
A déduire les 50 fr. déjà payés, ci. 50

Reste redu par moi. . . . . 31 fr.

Ainsi, en prenant pour base de calcul les prix de M. Rivière qui valait bien M. Oudet, je serais depuis vingt ans redevable à celui-ci de 31 fr.

Et M. Oudet, qui m'avait donné verbalement quittance ; M. Oudet, qui prenait ses maux en patience dans sa rue Moncey pendant les cinq ans que j'ai passés depuis en exil, M. Oudet s'autorise de ces 31 francs, pour me regarder comme obligé de lui répondre du premier coup, de la façon la plus soumise, quand il s'avise de me demander, sans preuve et sans motifs : — Etes-vous un diffamateur?

Pourquoi m'adresser cette question, plutôt qu'à notre saint Père le Pape?

Je jure ici devant Dieu et devant les hommes que je suis aussi étranger à l'article du *Siècle* que notre saint Père le Pape.

Quand je lus par hasard cet article, à dix jours de date, il me parut impolitique, eu égard à nos susceptibilités franc-comtoises, de même que la brochure d'une *Election dans le Gérolstein*, à laquelle quelques sots m'ont associé aussi, avait été, trois mois avant sa publication, déclarée par moi dangereuse.

On voit que j'ai mon franc parler avec mes amis aussi bien qu'avec mes ennemis.

J'hésite vraiment à écrire ce dernier mot, parce qu'à mon âge, quand on se sent franc du collier, on est affranchi de toute haine.

Et voilà cependant un mois entier que M. Oudet trouble la paix de mon ménage, par ses missives, par ses témoins et ses turlutaines.

Si, en dépit de votre quittance verbale, je vous redois quelque chose, M. Oudet, fournissez-moi votre note. Dépassât-elle les 31 fr. ci-dessus, je la paierai, et nous saurons enfin le tarif de ces fameux services rendus, dont vous vous prévalez si fort, dans le *Siècle*, dans votre brochure et dans vos lettres à mon adresse.

Que diable! vous devez comprendre que je tiens à recouvrer ma liberté morale, et que ma conscience, qui n'a jamais capitulé devant personne, ne peut rester ainsi en servage comme un chien caniche.

Non, M. Oudet, je n'ai pas plus troublé votre eau que l'agneau de la fable celle du loup que vous savez. Ni vous ni vos témoins, MM. l'avoué Besson et Armand Barthet, vous n'avez pu me faire dire si, oui ou non, j'étais à Maizières avec Castagnary. Ma prétention était de ne révéler ce mystère qu'à ma convenance. Que voulez-vous?

Nous sommes comme cela à Salins. Nous faisons notre tête. Pourquoi pas? Vous faites si bien la vôtre!

A Salins, nous pratiquons toutes les libertés, même celle de nous taire.

Aujourd'hui, devant le grand public, je me sens en belle humeur et je vais tout dire, le cœur sur la main, car le grand public est plus intelligent que vous, M. Oudet. Il sait ce que parler veut dire, et, au seul timbre de la voix qui s'adresse à lui, il répond hardiment : — Celui-ci est un bavard, et celui-là un honnête homme.

Eh bien! non! mille fois non! M. Oudet, je n'étais pas à Maizières avec Castagnary. Vos mouchards vous ont indignement trompé, et tout le tintamarre que vous faites à ce propos vous restera pour compte! Castagnary! il y a trois ans que je ne l'ai vu. Il est parti de Maizières le dimanche 10 janvier pour retourner à Paris, et moi je ne suis arrivé dans la vallée de la Loue que le jeudi suivant, après avoir couché le mercredi soir à Amancey, où j'eus l'honneur de voir M. Thuriet, juge de paix, qui pourra vous le dire.

Je sais bien que le lundi 4 janvier une dépêche m'appelait à Ornans ; mais le télégraphe est aussi inviolable que la poste, n'est-ce pas, M. Oudet? D'ailleurs, quatre jours après, une autre dépêche de moi, que l'on doit retrouver à Ornans, constatait à la fois que je n'étais pas allé, et que je ne pouvais pas aller.

Vos trois lettres, si insultantes à mon adresse, roulent sur ce seul argument : — Vous étiez à Maizières!

Voilà un alibi victorieux qui vous casse le nez, M. Oudet, et cet alibi, je ne me contente pas de l'affirmer ; je vous fournis et vous fournirai tous les témoins que vous voudrez pour le certifier.

Dans votre brochure, vous changez de calembredaine. Il n'est plus question de Maizières. — Ma complicité, dites-vous, vous est certifiée par un de vos amis que vous ne nommez pas, et qui vous a dit que Castagnary lui a dit que j'avais dit... etc.

Avocat Oudet, comment accueilleriez-vous à l'audience de pareils bavardages de vieille femme, si le ministère public prétendait en faire un titre d'accusation contre vos clients?

Répondez, M. Oudet, car le public, votre juge et le mien,

a les yeux sur vous; ou bien, à votre défaut, je répondrai, moi, pour vous, en vous opposant les lignes suivantes qué m'écrit Castagnary, en date du 16 février :

— « J'ai fait mon appréciation sur M. Oudet de loin et » à vol d'oiseau, pour ainsi dire; jugeant seulement d'a- » près l'attitude prise par lui dans les procès Latour du » Moulin et Ordinaire.

» Vous, mon ami, dont j'ignore l'opinion, puisque vous » ne m'avez ni parlé ni écrit à ce sujet..... »

M. Oudet, par pudeur pour vous, je m'arrête, en tenant toute la lettre à votre disposition.

Maintenant, êtes-vous assez confondu? êtes-vous assez aplati?

Vous, mon accusateur, vous me deviez toutes les preuves, et vous ne m'en avez fourni aucunes.

Moi, votre accusé, je ne vous devais aucunes preuves, et je vous en inonde!

Allons, M. Oudet, faites donc résonner maintenant sur les trottoirs de Besançon votre grand sabre de Matamore! Allez donc au cercle de Granvelle faire des gorges-chaudes sur votre ami Buchon!

Proclamez partout que j'ai caponné devant la gueule de votre pistolet. Allez-y gaiement! Je ne me plaindrez pas, je supporterai tout, mais à une condition : c'est que vous ne répétiez plus d'un ton si pleurnichard que j'ai été votre ami. Je ne choisis mes amis que parmi mes pareils. Je ne vous ai pas vu dix fois depuis vingt ans. Dans les rayons de votre gloire, que deviendrait la mienne? Vous avez bonne grâce, vraiment, à évoquer votre amitié pour un homme qui se- rait aujourd'hui flétri, s'il était en votre pouvoir de le flétrir.

Pour une égratignure du *Siècle*, vous prétendez remuer ciel et terre. Quant à moi, vos éclaboussures me sont indif-

férentes. Hardi! courage! Ne vous gênez pas. Le public
sait maintenant de quel côté se trouvent le bon droit et le
sens commun. Et ce pardon que vous deviez me demander,
M. Oudet? Bah! je vous en fais grâce. Vos témoins avouent
naïvement qu'ils venaient chez moi à Salins pour *élucider
les faits*.

Elucidez, M. Oudet; élucidez maintenant tout à l'aise. A
cette besogne la lanterne de Diogène vous servira, et le bâton aussi; seulement, en faisant usage de celui-ci, rappelez-
vous que charité bien ordonnée commence par soi-même.
M. Oudet cherchait un homme à avaler. Voilà qu'il l'a
enfin trouvé. Gare seulement la digestion!

Salins, le 22 février 1869.

MAX BUCHON.

Je n'ai point coopéré à l'article de Castagnary et je l'ai
dit librement à plusieurs. Je ne rétracte pas mon dire, car
c'est la vérité.

Mais cette vérité, je l'aurais gardée pour moi, si je
m'étais douté que, pour la découvrir, M. Oudet se permet-
tait des recherches indiscrètes dans ma vie privée, ainsi
qu'il résulte de la correspondance publiée par lui.

Quant aux regrets que j'aurais fait partir de Dole à l'endroit du passage dudit article relatif à M. Oudet, je les
rétracte en tant qu'ils auraient été exprimés en mon nom.

M. Oudet a dirigé de divers côtés des enquêtes, des ins-
tructions, des inquisitions menaçantes pour découvrir les
inspirateurs imaginaires de Castagnary. — *Quaerens quem*

devoret. — Son tapage et ses excentricités m'obligent à déclarer que si j'étais l'auteur des appréciations qui le chagrinent, j'en accepterais largement la responsabilité.

Besançon, le 22 février 1869.

Ed. Ordinaire.

Pour prouver à M. Oudet que je ne redoute pas les dis-
cussions devant le tribunal de la libre opinion publique,
je mets ici, sous les yeux de *mes* lecteurs, le texte intégral
des accusations qu'il formule contre moi, dans sa brochure,
en sus de celles qui enjolivent la correspondance échangée
entre nous.

Max Buchon.

Le 15 janvier dernier, le *Siècle* publiait, sous la signature
de M. Castagnari, dans son édition de Paris et dans celle des
départements, un article sur les futurs candidats à la dépu-
tation dans la première circonscription du Doubs, article
dans lequel j'étais diffamé. Je répondis à M. Castagnari une
lettre, reproduite en entier par les journaux de Franche-
Comté, mais qui ne fut publiée qu'en extrait par le *Siècle*,
et seulement dans son édition des départements, le 24 janvier. M. Castagnari fit précéder cet extrait d'explications
tendant à justifier cette mutilation de ma réponse : « Malgré
» certaines expressions un peu vives dont sa lettre (ma ré-
» ponse) est semée, et dont *notre bonne foi* en la circons-
» tance aurait dû nous garantir, nous l'aurions insérée dans
» son entier, si elle n'était d'une dimension qui èxcède
» de beaucoup les limites ordinaires du droit de réponse,
» et si elle ne contenait d'ailleurs, à l'endroit de tiers étran-
gers, des imputations blessantes. » M. Castagnari invoquait

sa bonne foi, d'autant plus vraisemblable que nous ne nous connaissons pas ; cela m'était confirmé d'ailleurs par des amis de Paris qui avaient bien voulu me servir d'intermédiaire. Je demandai alors au *Siècle* la reproduction, dans l'édition de Paris, de ma lettre après correction de toutes les expressions vives touchant à l'arche sainte. Le second paragraphe en était ainsi remanié : « Mais, sur ce bruit apo- » cryphe et prêtant *de bonne foi, vous l'affirmez et je le* » *crois*, votre plume à des rancunes que je méprise, vous » m'avez, sans me connaître, diffamé dans ma vie poli- » tique..... » Cette nouvelle rédaction, acceptée par le journal, fut insérée sans aucun commentaire dans l'édition de Paris du 30 janvier.

De son côté, M. Ordinaire, au profit duquel, dans son ensemble, l'article semblait avoir été composé, m'adressait de Dole un ami commun pour me dire qu'il était étranger à cette publication et qu'il regrettait tout ce qui s'y référait à moi.

Assez légitimement curieux cependant de savoir à quel correspondant officieux du journal je devais d'être ainsi arraché à mes travaux professionnels pour servir de pâture à des intrigues politiques, j'avais chargé mes amis de Paris de prendre leurs informations ; et bientôt, avec une surprise et un découragement contre lesquels l'expérience des hommes et des choses et l'étude des partis auraient dû depuis longtemps me prémunir, il me fallut reconnaître un ancien coreligionnaire, un ami des mauvais jours, que j'avais jadis défendu pour délits de presse devant la Cour d'assises du Jura, auquel j'avais su par mon dévouement affectueux épargner en 1850, de Besançon à Lons-le-Saunier, le mode de transfèrement réservé aux écrivains par le gouvernement d'alors, que j'avais revu quelquefois depuis cette époque et toujours aimé, et que je croyais, après nos agitations et nos déceptions politiques , exclusivement absorbé par l'étude tranquille des lettres et des beaux-arts, comme je l'étais par celle du droit et des affaires.

Je lui écrivis donc, il m'a répondu ; voici notre courte histoire. *(Voir les lettres plus haut.)*

« Ce matin , dimanche 14 février 1869, à la prière de M. Oudet, qui nous avait remis ses pleins pouvoirs, nous nous sommes rendus à Salins , chez M. Max Buchon, déjà prévenu de notre visite et de son motif.

» La conversation s'engagea , nette de notre côté, extrêmement réservée du sien. Nous fîmes de vains efforts pour l'amener à répondre , d'une façon quelconque , sur les faits que nous avions la mission d'élucider.

» Interpellé de savoir s'il était l'auteur ou l'inspirateur d'un article du journal le *Siècle* dont M. Oudet avait à se plaindre, M. Buchon déclara ne pas vouloir répondre.

» Sollicité de nous aboucher avec deux de ses amis pour éclairer et vider le différend suscité par cet article, il déclara ne pas vouloir répondre.

» Devant une résistance si décidée à toute espèce de solution, notre mandat devenait d'un accomplissement impossible, et nous avons dû le résigner entre les mains de M. Oudet, après avoir rédigé de concert, pour lui servir ce que de raison , le présent procès-verbal de notre entrevue avec M. Max Buchon.

» Armand Barthet.

» Justin Besson. »

Je cherchâis un homme , je n'ai trouvé qu'une déception. Chamfort a dit : « Quand on a la lanterne de Diogène, il faut avoir son bâton. »

Besançon, 15 février 1869.

G. Oudet.

Avant que j'aie pu réduire à néant les impostures insensées de M. Oudet, l'*Union franc-comtoise* s'empresse de les publier dans ses colonnes à la place ordinaire des mandements d'archevêque ; en sorte que quand ma réfutation arrivera, il sera trop tard. La calomnie aura produit son effet, et il en reste toujours quelque chose.

Le procédé est réellement du meilleur goût.

Quant à M. Oudet, le voilà passé d'emblée Père de l'Eglise et dans l'eau bénite jusqu'au cou. Pour un franc-maçon, c'est assez joli. Bah ! tout est bien qui finit bien. Grand saint Oudet, *ora pro nobis.*

Max Buchon.

Besançon, le 24 février 1869.

Besançon. — Imprimerie de Jules Roblot.